Lectures

Les Lectures ELI présentent une
gamme complète de publications
allant des histoires contemporaines et
captivantes aux émotions éternelles
des grands classiques. Elles s'adressent
aux lecteurs de tout âge et sont
divisées en trois collections : Lectures
ELI Poussins, Lectures ELI Juniors,
Lectures ELI Seniors. Outre leur grande
qualité éditoriale, les Lectures ELI
fournissent un support didactique
facile à gérer et capturent l'attention
des lecteurs avec des illustrations ayant
un fort impact artistique et visuel.

MW01268621

La certification du Conseil de la
bonne gestion forestière ou FSC certifie
que les coupes forestières pour la
production du papier utilisé pour
ces publications ont été effectuées
de manière responsable grâce à des
pratiques forestières respectueuses de
l'environnement.

Cette collection
de lectures
choisies et
graduées = 5000
arbres plantés.

Jules Renard

Poil de Carotte

Adaptation et activités de
Dominique Guillemant

Illustrations de
Arianna Vairo

Lectures ELI Juniors

PIERRE
BORDAS
ET FILS

Poil de Carotte
Jules Renard
Adaptation et activités de Dominique Guillemant
Illustrations de Arianna Vairo
Révision de Mery Martinelli

Lectures ELI
Création de la collection et coordination éditoriale
Paola Accattoli, Grazia Ancillani,
Daniele Garbuglia (Directeur artistique)

Conception graphique
Sergio Elisei

Mise en page
Diletta Brutti

Responsable de production
Francesco Capitano

Crédits photographiques
Shutterstock, Marka

© 2011 ELI S.r.l.
B.P. 6 - 62019 Recanati - Italie
Tél. +39 071 750701
Fax +39 071 977851
info@elionline.com
www.elionline.com

Fonte utilisée 13 / 18 points Monotype Dante

Achevé d'imprimer en Italie par Tecnostampa Recanati
ERT 220.01
ISBN 978-88-536-0651-8

Première édition Février 2011

www.elireaders.com

Sommaire

Les parties de l'histoire enregistrées sur le CD sont signalées par les symboles qui suivent :

Début ▶   Fin ■

les personnages principaux

Ernestine

Félix

Poil de Carotte

Honorine

Madame
Lepic

Monsieur
Lepic

Activités de pré-lecture

Vocabulaire

1 **Observe la famille Lepic aux pages 6 et 7.**
Complète les phrases avec les liens de parenté.

enfants	mère	femme	sœur	mari	~~fils~~	parents	frère

Poil de Carotte est le ....*fils*............ de M. et Mme Lepic.

1 Mme Lepic est la .... de M. Lepic.

2 Félix est le .... de Poil de Carotte et d'Ernestine.

3 Félix, Ernestine et Poil de Carotte sont les .... de M. et Mme Lepic.

4 M. Lepic est le .... de Mme Lepic.

5 Mme Lepic est la .... de Félix, de Poil de Carotte et d'Ernestine.

6 Ernestine est la .... de Poil de Carotte et de Félix.

7 M. et Mme Lepic sont les .... de Félix, de Poil de Carotte et d'Ernestine.

Compréhension

2 **Observe les pages 6 et 7 et coche les bonnes réponses.**

Honorine est ☐ la tante ☑ la servante de la famille Lepic.

1 La famille Lepic vit ☐ à la campagne ☐ en ville.

2 Mme Lepic semble être une maman ☐ disponible ☐ sévère.

3 Poil de Carotte est l'enfant le plus ☐ jeune ☐ âgé de la famille Lepic.

4 Félix semble être un garçon ☐ sympathique ☐ méchant.

5 M. Lepic semble être plus ☐ dur ☐ gentil que sa femme.

6 Poil de Carotte est un garçon ☐ joyeux ☐ triste.

7 Ernestine est une fille ☐ sophistiquée ☐ simple.

Grammaire

3 **Mets les verbes entre parenthèses au présent de l'indicatif.**

Mme Lepic ....*donne*........ toujours des ordres à Poil de Carotte. *(donner)*

1 Poil de Carotte .... peur du noir. *(avoir)*

2 M. Lepic et sa fille .... un livre. *(lire)*

3 Le chien des Lepic .... sur le paillasson. *(dormir)*

4 Mme Lepic .... devant la cheminée. *(tricoter)*

5 Poil de Carotte .... dans le jardin. *(aller)*

6 Mme Lepic .... que Poil de Carotte .... trop fort. *(dire – ronfler)*

7 Poil de Carotte .... pipi au lit. *(faire)*

DELF - Production écrite

4 **Écris au présent de l'indicatif une anecdote de ton enfance.**

J'ai .... ans et aujourd'hui ....

....

....

....

....

....

....

....

....

....

....

Les Poules

▶ 2 Un soir, Honorine, la bonne★ de la famille Lepic, oublie de fermer le poulailler★. Madame Lepic décide d'envoyer l'un de ses enfants. Félix, son fils, est paresseux et sa fille Ernestine est peureuse. Elle ordonne donc à Poil de Carotte d'y aller. Elle l'appelle ainsi, parce qu'il a les cheveux roux★ et la peau tachée. Poil de Carotte répond :

– Maman, j'ai peur.

– Comment ? Un grand gars★ comme toi !

Pour le convaincre, Félix et Ernestine le flattent★ tandis que sa mère lui promet une gifle★.

Poil de Carotte se retrouve donc dans le noir, terrorisé. Il se précipite, ferme la porte et se sauve en courant. Fier de lui, il cherche des yeux l'attention de ses parents, mais personne ne s'occupe de lui. Jusqu'au moment où madame Lepic dit de sa voix naturelle :

– Poil de Carotte, tu iras le fermer tous les soirs. ◼

bonne la servante   gars garçon
poulailler abri pour les poules   le flattent lui font des compliments
roux d'une couleur rouge orangée   gifle claque

Le Cauchemar

▶ 3 Quand la famille Lepic héberge★ des amis, c'est un cauchemar ! Poil de Carotte est obligé de céder son lit et de dormir dans la même pièce que ses parents.

Madame Lepic lui trouve bien des défauts le jour, mais elle lui en trouve aussi la nuit : Poil de Carotte ronfle★, ce qui irrite beaucoup sa mère. Elle pense qu'il le fait exprès★.

Pour ne pas la déranger, avant de s'endormir, il tousse sous le drap pour libérer sa gorge. Puis il s'assure que ses narines★ ne sont pas bouchées. Enfin il s'exerce à ne pas respirer trop fort. Mais dès qu'il s'endort, il ronfle ! Alors madame Lepic lui donne un pinçon★ dans une fesse. Poil de Carotte se réveille :

– Aïe !

– Qu'est-ce que tu as ? demande son père.

– Un cauchemar, répond sa mère.

Elle se met à chanter une berceuse★ pendant que son fils se rendort avec les mains plaquées sur son derrière pour éviter un autre pinçon.

héberge reçoit, accueille
ronfle fait du bruit en dormant
exprès avec l'intention de le faire
ses narines les trous de son nez

lui donne un pinçon lui serre la peau
une berceuse une chanson pour endormir
les enfants

C'est le chien

▶ 4 Le soir, monsieur Lepic et Ernestine lisent sous la lampe, madame Lepic tricote★ et Félix grille★ ses jambes devant la cheminée. Poil de Carotte, lui, est assis par terre.

Le chien Pyrame dort sur le paillasson★. Tout à coup★, il se met à aboyer si fort que madame Lepic le regarde de travers, les dents serrées. Elle lui donne des claques pour le faire taire, son mari le frappe de son journal, mais Pyrame continue.

Poil de Carotte va voir ce qui se passe. Il y a peut-être quelqu'un dans la rue. Il fait semblant d'ouvrir la porte au fond du couloir noir et de sortir. Puis, il court vite rassurer sa famille :

– C'est le chien qui rêvait. ▪

tricote travaille la laine
grille réchauffe
paillasson tapis devant la porte
tout à coup soudain, à l'improviste

Le Pot

▶ 5 Au moment de se coucher, Poil de Carotte dit bonsoir, allume une bougie et va dans sa chambre. Sa mère vient le border★, souffle la bougie et, malheureusement, emmène les allumettes★. Puis elle ferme la porte à clef.

Quand Poil de Carotte a besoin d'aller faire pipi, l'inévitable se produit : impossible d'allumer la bougie, impossible de sortir. Il finit par faire pipi au lit. Il espère que les draps vont sécher et que sa mère ne va rien voir. Mais le lendemain matin :

– Quelle drôle★ d'odeur ! dit-elle.

Il veut se justifier, mais madame Lepic ne veut rien savoir. Pour mieux l'humilier, elle sort, rentre avec un pot★ qu'elle cache sous le lit, puis appelle toute la famille :

– Qu'est-ce que j'ai donc fait pour avoir un enfant pareil★ ?

le border mettre les bords de son drap sous le matelas
emmène les allumettes prend les bâtonnets en bois pour allumer le feu

drôle ici, bizarre
pot récipient pour faire ses petits besoins
pareil semblable

Poil de Carotte

Poil de Carotte, en chemise de nuit et pieds nus, regarde le pot. Cette nuit il n'y avait pas de pot, et maintenant il y a un pot, là, au pied du lit.

Les Lapins

▶ 6 Qu'est-ce que Poil de Carotte aime manger ? Personne ne le sait vraiment, car on lui impose des goûts et des dégoûts. Il doit aimer tout ce que sa mère aime et détester ce qu'elle déteste. Par exemple, comme elle n'aime ni le fromage ni le melon, elle ne lui en donne pas :

– Pas de fromage pour toi, car je suis bien sûre* que tu n'en mangeras pas.

Ou bien :

– Il n'y a plus de melon. De toute façon, tu n'aimes pas ça.

Poil de Carotte n'essaie même pas de la contrarier, c'est bien trop dangereux. Mais quand sa mère l'envoie donner les restes de melon aux lapins, il en profite bien.

Il s'assied avec eux et dit :

– Un moment, s'il vous plaît, partageons*.

Il leur donne les graines de melon et boit le jus lui-même : c'est doux comme du sirop. Et personne ne le voit !   ■

sûre certaine
partageons divisons en plusieurs parts

Activités de post-lecture

Vocabulaire

1 Associe ces animaux de la ferme à leur cri.

b le coq	**a**	hennit
1 ☐ la vache	**b**	coquerique
2 ☐ le canard	**c**	aboie
3 ☐ le chat	**d**	meugle
4 ☐ le cheval	**e**	grogne
5 ☐ le chien	**f**	miaule
6 ☐ le cochon	**g**	caquette
7 ☐ la poule	**h**	nasille

Compréhension

2 Relis le chapitre et réponds aux questions.

Pourquoi Mme Lepic appelle-t-elle son fils Poil de Carotte ?
Mme Lepic appelle son fils Poil de Carotte parce qu'il a les cheveux roux et la peau tachée.

1 De quoi Poil de Carotte a-t-il peur ?

....

2 Pourquoi le chien Pyrame aboie-t-il ?

....

3 Quand Poil de Carotte doit-il dormir avec sa maman ?

....

4 Que se passe-t-il quand Poil de Carotte ronfle ?

....

5 Pourquoi Poil de Carotte fait-il pipi au lit ?

....

6 Comment Poil de Carotte partage-t-il les restes de melon avec les lapins ?

....

Grammaire

3 Mets les verbes pronominaux au présent de l'indicatif.

Tu *te demandes* si Poil de Carotte est heureux.
(se demander)

1 Poil de Carotte et Félix .... dans un champ de luzerne. (s'amuser)

2 Nous .... de bonne heure. *(se coucher)*

3 Le médecin .... parce que Poil de Carotte ne boit pas. *(s'étonner)*

4 Vous .... un caleçon pour vous baigner dans la rivière. *(se mettre)*

5 Je .... avec du jus de melon. *(se régaler)*

Activité de pré-lecture

Vocabulaire

4 Cherche 21 parties du corps dans la grille et avec les lettres restantes découvre ce que M. Lepic va offrir à Poil de Carotte.

T	J	P	O	J	L	V	I	E	C	Œ	U	R	F	D
E	V	I	S	A	G	E	D	D	O	I	G	T	R	E
M	N	E	Z	M	C	N	O	N	G	L	E	T	O	N
P	R	D	O	B	O	T	S	M	M	A	I	N	N	T
E	J	O	U	E	U	R	P	G	E	N	O	U	T	S
S	E	T	O	R	T	E	I	L	L	A	N	G	U	E
B	O	U	C	H	E	O	R	E	I	L	L	E	T	E

Une _ _ _ _ _   _ _ _ _ _ _ _ _ _.

19

La Pioche

▶ 1 Félix et Poil de Carotte travaillent ensemble. Ils jardinent et travaillent dur. La pioche* de Félix a été faite sur mesure, alors que Poil de Carotte a fait la sienne tout seul, avec du bois.

Soudain, Poil de Carotte reçoit un coup de pioche en plein front. On le transporte avec précaution et on le couche sur le lit :

– Où sont les sels ?

– Un peu d'eau fraîche pour mouiller ses tempes* !

Toute la famille est réunie. Ernestine bande le front ensanglanté* de son frère avec un linge. Félix, à la vue du sang, se sent mal.

Poil de Carotte ouvre enfin un œil, puis l'autre. Il en est quitte pour la peur*. Son teint graduellement se colore et tout le monde pousse un soupir de soulagement*.

– Toujours le même, donc ! dit madame Lepic à Poil de Carotte ; tu ne pouvais pas faire attention, petit imbécile !

pioche outil pour travailler la terre
tempes parties latérales du front
ensanglanté couvert de sang

il en est quitte pour la peur il a eu de la chance
pousse un soupir de soulagement arrête de s'inquiéter

La Timbale

▶ 8 Voilà comment Poil de Carotte a perdu l'habitude de boire, surprenant sa famille et ses amis.

Un matin, madame Lepic lui verse du vin :

– Merci, maman, je n'ai pas soif.

Au repas du soir, il dit encore :

– Merci, maman, je n'ai pas soif.

Il reste toute la journée sans boire, parce que la température est douce et que simplement il n'a pas soif. Le lendemain, madame Lepic met la table et lui dit :

– Si tu veux ta timbale*, va la chercher dans le placard*.

Comme il ne va pas la chercher, madame Lepic le félicite : c'est une qualité qui lui sera utile dans le désert. Félix et Ernestine se demandent s'il va résister pendant une semaine et leur frère, pour montrer de quoi il est capable, décide de ne plus jamais boire.

Madame Lepic continue d'oublier sa timbale. Poil de Carotte se défend de la réclamer*. Comment est-ce possible ? À la fin, plus personne ne s'étonne, pas même le médecin !

timbale verre en métal
placard endroit où l'on range la vaisselle
réclamer redemander

La Luzerne

9 Un jour, Poil de Carotte et Félix arrivent à la maison à l'heure du goûter. La porte est fermée. Ils s'assoient sur les marches de l'escalier pour attendre leurs parents. Furieux, car il est affamé, Félix change bientôt d'avis :

– Je ne les attendrai pas. Je ne veux pas mourir de faim. Je veux manger tout de suite, n'importe quoi, de l'herbe.

Poil de Carotte tombe dans le piège★ et trouve que c'est une bonne idée. On mange bien de la salade, pourquoi pas de l'herbe ! Les voilà tous les deux dans un champ de luzerne★. Emportés par l'envie de jouer, ils s'y jettent et s'y roulent. On ne voit que leur tête.

– Mangeons, maintenant ! dit soudain Félix.

Il s'isole, trace un grand cercle et fait semblant de manger de l'herbe. Puis il ajoute :

– Ne touche pas ma portion de luzerne !

Poil de Carotte le prend au sérieux et se met à choisir et à manger les plus belles feuilles. La langue amère et le cœur soulevé★, il se régale★.

---

tombe dans le piège se laisse tromper
luzerne l'herbe mangée par les animaux de la ferme

le cœur soulevé ayant la nausée
il se régale il mange avec satisfaction

La Trompette

▶ 10 Monsieur Lepic revient de Paris avec des cadeaux pour ses enfants. Il cache les mains derrière son dos et dit à Poil de Carotte :

– Tu aimes mieux une trompette ou un pistolet ?

Poil de Carotte préfère une trompette mais, à son âge, les garçons jouent avec des armes. Il choisit donc le pistolet. Son père est étonné :

– Ah ! Tu aimes mieux un pistolet ! Tu as bien changé !

Tout de suite Poil de Carotte se reprend :

– Mais non papa, c'était pour rire. Sois* tranquille, je déteste les pistolets. Donne-moi vite ma trompette, je vais te montrer comme ça m'amuse.

Madame Lepic, qui ne supporte pas les mensonges, décide de le punir :

– Regarde bien la trompette ; elle a trois pompons* rouges et un drapeau à franges* d'or. Et bien, tu ne l'auras pas !

La belle trompette de Poil de Carotte est encore en haut de l'armoire, invisible et muette. ∎

sois verbe « être » à l'impératif
pompons boules en laine
à franges ayant des bandes de tissus

Le Bain

► 11 Il est presque quatre heures et Poil de Carotte réveille monsieur Lepic et Félix, qui dorment sous les noisetiers* du jardin.

– Partons-nous ? demande-t-il.

Monsieur Lepic a promis à ses fils de les emmener prendre un bain à la rivière. Ils se mettent en route sous le soleil. Poil de Carotte porte sur l'épaule son caleçon* sans dessin et le caleçon rouge et bleu de Félix. Tout content, il bavarde, il chante et saute après les branches des arbres. Il nage dans l'air et il dit à son frère :

– Crois-tu que l'eau sera bonne* ?

Félix le fixe avec mépris.

Poil de Carotte se calme tout à coup. La rivière coule devant lui, il n'a plus envie de rire. Il frissonne* et manque de courage à l'idée d'entrer dans l'eau glacée. Il commence à se déshabiller, plie ses vêtements sur l'herbe et met son caleçon.

Félix a déjà pris possession de la rivière et la bat si fort qu'il forme des vagues.

noisetiers arbres qui produisent des
noisettes
caleçon maillot de bain

bonne à la bonne température
il frissonne il tremble un peu

25

Poil de Carotte prend tout son temps. Il se décide enfin, s'assied par terre et met un orteil* dans l'eau. Il glisse dedans et quand l'eau lui arrive au ventre il essaie de remonter et de se sauver*. Rien à faire ! Il disparaît sous l'eau.

– Tu plonges* bien mon garçon ! le félicite son père.

– Oui, mais je n'aime pas beaucoup ça. L'eau reste dans mes oreilles.

Il veut apprendre à nager et il fait aller ses bras pendant que ses genoux marchent sur le sable. Son père lui donne quelques conseils, mais son frère Félix le dérange en grimpant sur son dos pour plonger.

Monsieur Lepic les appelle :

– Sortez. Venez boire une goutte de rhum.

– Déjà ! dit Poil de Carotte.

Maintenant, il ne voudrait plus sortir de l'eau, qui ne lui fait plus peur. Il n'a pas assez profité de son bain. Il boit la boisson alcoolisée de son père comme un vieux soldat, même s'il n'aime pas ça !

orteil doigt de pied
se sauver partir, s'enfuir
tu plonges bien tu te jettes bien dans l'eau

Activités de post-lecture

Compréhension écrite

1 Vrai ou faux ?

	V	F
Poil de Carotte et Félix font du jardinage.	☑	☐
1 Félix reçoit un coup de pioche en plein front.	☐	☐
2 Ernestine a peur du sang et refuse de soigner son frère.	☐	☐
3 Mme Lepic console son fils parce qu'il s'est blessé.	☐	☐
4 Félix trompe Poil de Carotte et lui fait manger de l'herbe.	☐	☐
5 Poil de Carotte trouve la luzerne bien sucrée.	☐	☐
6 Poil de Carotte ne boit jamais.	☐	☐
7 M. Lepic rapporte de Paris des cadeaux à ses enfants.	☐	☐
8 Mme Lepic punit Poil de Carotte et met sa trompette dans l'armoire.	☐	☐

Grammaire

2 Transforme les phrases à la forme négative.

Félix et Poil de Carotte jouent souvent ensemble.
Félix et Poil de Carotte ne jouent jamais ensemble.

1 Félix dit à son frère de prendre sa portion de luzerne.

....

2 Poil de Carotte a encore soif et tout le monde s'étonne.

....

3 M. Lepic donne quelque chose à ses enfants.

....

4 Poil de Carotte a peur de l'eau et son frère se moque de lui.

....

5 Poil de Carotte a une trompette et un pistolet.

....

DELF – Production orale

3 **Tu bavardes avec un(e) camarade, qui va te poser les questions suivantes. Réponds oralement et complète ce dialogue.**

Camarade : Où vas-tu dimanche ?
Toi : ....
Camarade : Ah oui ?! Et qu'est-ce que vous faites ensemble ?
Toi : ....
Camarade : Et vous mangez là ?
Toi : ....
Camarade : Je peux venir avec vous ? À quelle heure le départ ?
Toi : ....

Activité de pré-lecture

Vocabulaire

4 **Complète les phrases avec le mot qui convient.**

fourchette cuillère plat assiettes couteau verres marmite

Poil de Carotte mange ses légumes avec une
...*fourchette*... .

1 Mme Lepic a un service d' .... en porcelaine.
2 Honorine laisse des traces de doigts sur les
.... en cristal.
3 Une .... d'eau bouillante est sur le feu.
4 Félix coupe du pain avec un ....
5 M. Lepic passe le .... de viande à sa femme.
6 Ernestine mange sa soupe avec une ....

Honorine

▶ 12 Honorine a 67 ans, c'est une femme travailleuse qui ne tombe jamais malade. Mais madame Lepic la trouve bien vieille et lui fait remarquer★ beaucoup de défauts qui, à son avis, se répercutent★ sur son travail. Elle trouve que son dos est de plus en plus courbé★ et que sa vue baisse. Honorine se défend :

– Ne vous inquiétez pas madame, j'y vois clair comme à mon mariage.

La maîtresse de maison ne démord pas★ :

– Les assiettes sont mal essuyées et il y a des traces de doigts sur les verres. Même votre lessive★ laisse à désirer. Je chercherai quelqu'un pour vous aider.

Honorine s'indigne★ : pas question d'avoir une autre femme dans les jambes ni d'être renvoyée★ !

– Qui parle de vous renvoyer, Honorine ? J'ai bien le droit de faire, avec douceur, une observation.

Voilà Honorine rassurée. C'est promis : le jour où elle ne se sentira plus capable d'accomplir son devoir, elle s'en ira d'elle-même. ■

remarquer observer
se répercutent ont des conséquences
courbé plié
ne démord pas insiste

lessive linge que vous lavez
s'indigne s'irrite
être renvoyée être privée de son travail

Agathe

▶ 13 Honorine est absente et sa fille Agathe la remplace. C'est l'heure du déjeuner, Agathe court de droite à gauche dans la cuisine.

Monsieur Lepic se met à table, pousse son assiette vers le plat, prend de la viande, de la sauce et ramène⋆ l'assiette. Il boit et mange avec indifférence.

Madame Lepic sert ses enfants, d'abord Félix parce qu'il a faim, puis Ernestine pour sa qualité d'aînée, enfin Poil de Carotte qui est au bout de la table. Contrairement aux autres, une seule portion doit lui suffire. Il peut juste accepter de se gonfler⋆ de riz, qu'il n'aime pas, pour faire plaisir à sa mère.

Personne ne parle.

– Qu'est-ce qu'ils ont ? pense Agathe.

Ils n'ont rien. Ils sont comme ça.

Monsieur Lepic termine son pain, Agathe se précipite et lui rapporte un pain de cinq livres⋆. Mais ce dernier se lève et va dans le jardin. Agathe se retrouve comme une idiote, le pain sur son ventre. ■

ramène remet à sa place
se gonfler se remplir
cinq livres / 500 grammes

La Marmite

▶ 14 Du matin au soir, en été comme en hiver, Honorine laisse pendre une marmite d'eau à la crémaillère⋆. Quand elle n'entend plus l'eau bouillante chantonner, elle remplit de nouveau la marmite. Elle est tellement habituée qu'elle n'a même plus besoin de regarder où elle jette l'eau.

Mais un jour, la marmite disparaît. L'eau versée tombe dans le feu et dégouline⋆ dans la cuisine. Honorine, se brûle et étouffe⋆ à cause de la fumée.

– Je trouvais vos yeux malades, mais votre état est désespéré ! dit madame Lepic furieuse. Je n'ajoute rien, Honorine ; mettez-vous à ma place. Vous connaissez la situation.

Pour protéger la bonne, Poil de Carotte s'accuse mais sous le regard froid de madame Lepic, il s'arrête court⋆. Ils se mettent à chercher la marmite. Madame Lepic y renonce. Honorine s'éloigne. Poil de Carotte se met de côté, comme un instrument de justice dont on n'a plus besoin. ▪

---

crémaillère chaîne qui pend dans la cheminée
dégouline coule

étouffe ne respire plus
il s'arrête court il se tait soudain

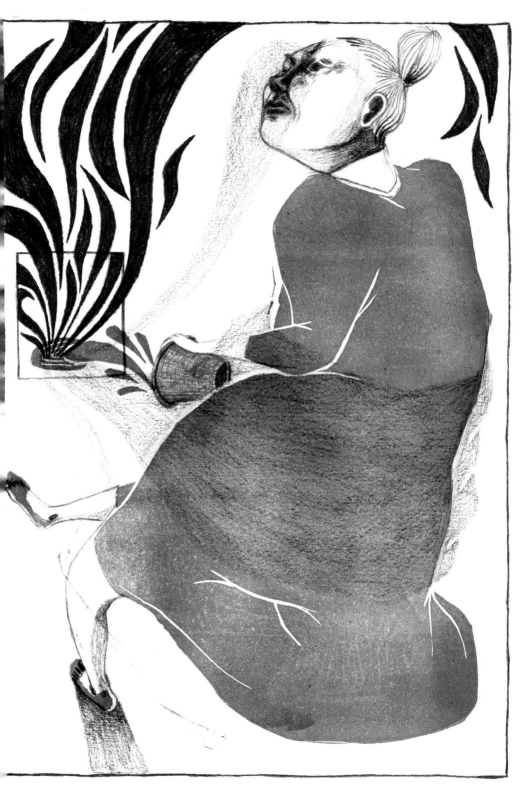

L'Aveugle

▶ 15 Un dimanche, un aveugle★ frappe à la porte avec son bâton. Monsieur Lepic prie sa femme de le faire entrer, il fait froid. Le monsieur avance à petits pas, s'assied et tend les mains pour se réchauffer au poêle★. Monsieur Lepic lui donne ses dix sous et se met à lire son journal.

Poil de Carotte s'amuse à voir fondre la neige sur les sabots★ de l'aveugle. Madame Lepic les met alors devant la cheminée. Trop tard ! Ils ont déjà laissé une mare★.

L'aveugle se met à parler de politique, puis à raconter comment il est devenu aveugle.

Madame Lepic s'impatiente :

– Il a ses dix sous, que veut-t-il encore ?

À force de coups de coude, elle l'oblige à reculer★.

aveugle que qu'un qui n'a pas le sens
de la vue
poêle ancêtre du radiateur

sabots chaussures en bois
mare petite étendue d'eau
reculer faire marche arrière

34

Le bâton de l'aveugle tombe, elle le ramasse et le lui tend, sans le lui rendre. Elle lui remet ses sabots et le pousse dehors :

– À dimanche prochain, s'il fait beau et si vous êtes toujours de ce monde. Chacun ses peines et Dieu pour tous !

Le Jour de l'An

▶ 16 Poil de Carotte saute du lit et se lave dans l'auge⋆ du jardin. Prêt pour la cérémonie, il se place derrière Félix, qui se tient derrière Ernestine. Ils entrent dans la cuisine. Ernestine et Félix embrassent leurs parents :

– Bonne année, bonne santé et le paradis à la fin de vos jours !

Poil de Carotte sort une lettre de sa casquette. Sa mère la décachette⋆. Des fleurs et une dentelle ornent la feuille.

– Tu as du style, mais une si mauvaise écriture que je ne peux pas lire, dit madame Lepic.

Monsieur Lepic lit à son tour la lettre et la met sur la table. Elle ne sert plus à rien.

Ernestine et Félix la prennent et cherchent des fautes d'orthographe. Poil de Carotte la remet dans sa casquette. On distribue les étrennes⋆. Ernestine a une poupée et Félix une boîte de soldats en plomb. Poil de Carotte reçoit une pipe en sucre rouge.

– Elle est bonne, elle tire bien, dit-il tout content.

auge récipient en bois ou en pierre
la décachette ouvre la lettre fermée à la cire

étrennes cadeaux que l'on offre le premier jour de l'an

Activités de post-lecture

Compréhension orale

▶ 13 **1 Réécoute « Agathe » et coche les bonnes réponses.**

Agathe court de droite à gauche dans la ☐ chambre
☑ cuisine.

1 M. Lepic prend de la ☐ sauce ☐ soupe.

2 Mme Lepic sert d'abord Félix parce qu'il ☐ est pressé
☐ a faim.

3 Poil de Carotte est ☐ au bout de la table ☐ sous la table.

4 Poil de Carotte peut manger ☐ plusieurs portions
☐ une seule portion de viande.

5 Il mange plus de riz pour faire plaisir ☐ à sa mère
☐ à son frère.

6 Agathe rapporte un pain de ☐ quinze ☐ cinq livres
à M. Lepic.

DELF – Production écrite

**2 Écris une carte de vœux pour souhaiter un bon
anniversaire à un(e) ami(e) et pour lui dire que tu acceptes
son invitation à sa fête. (précise la date et le lieu)**

Grammaire

3 **Complète les phrases avec les adjectifs possessifs.**

Madame Lepic sert d'abord ....*ses*......... enfants.

1 Poil de Carotte mange .... riz, vous mangez
.... légumes.

2 Nous essuyons l'eau qui est devant .... cheminée.

3 L'aveugle enlève .... sabots et pose ....
bâton.

4 À la fin, vous prenez .... argent et vous vous
en allez.

5 Les enfants sortent .... lettre de ....
casquette ou de .... poches.

6 Lui, il mange .... pipe en sucre et nous, nous
jouons avec .... jouets.

DELF - Production orale

4 **Parle des jouets que tu as reçus quand tu étais petit(e).
Quel était ton jouet préféré ? Décris-le.**

Activité de pré-lecture

5 **Observe l'illustration qui se trouve à la page 47 et réponds
aux questions.**

1 Où se trouvent Poil de Carotte et le vieil homme ?

....

2 Qu'est-ce qu'ils font ?

....

3 Quelle est l'attitude du vieil homme envers Poil de
Carotte ?

....

4 Pourquoi à ton avis ?

....

Le Porte-plume

▶ 17 Félix et Poil de Carotte sont pensionnaires* au lycée. Un jour, ils rencontrent monsieur Lepic. Poil de Carotte essaie de l'embrasser, mais celui-ci se dérobe*, ce qui l'inquiète beaucoup. Peut-être qu'il ne l'aime plus.

Monsieur Lepic s'informe de ses progrès scolaires. Poil de Carotte n'est pas très fort en grec ni en allemand, trop difficile à prononcer ! Lors de la dernière composition*, il est arrivé dernier... il en faut bien un !

Au moment des adieux, Poil de Carotte, inquiet, essaie de nouveau d'embrasser son père. Le regard droit, la bouche haute, il s'approche. Mais monsieur Lepic le tient encore à distance :

– Tu vas me crever* les yeux avec ton porte-plume sur ton oreille.

– Oh ! Papa, je te demande pardon. Je suis content de savoir que mon porte-plume t'a fait peur.

– Et cela te fait rire ?

– Non papa, je ris pour autre chose : une idée sotte que je m'étais mise dans la tête. ■

---

pensionnaires mangent et dorment
se dérobe s'éloigne, se libère

composition rédaction scolaire
crever trouer

Lettres choisies

▶ 18 Quand Poil de Carotte vit au lycée, il écrit à monsieur Lepic. Il lui raconte ses mésaventures comme par exemple le jour où de gros clous* l'ont immobilisé à l'infirmerie. Son père lui répond toujours. Voilà quelques échanges :

> *Mon cher papa,*
> *Je t'annonce avec plaisir qu'il vient de me pousser une dent. Je crois que c'est une dent de sagesse précoce. J'espère qu'elle ne sera pas la seule et que je te satisferai toujours par ma bonne conduite et mon application.*
> *Ton fils affectionné.*

La réponse de monsieur Lepic :

> *Cher Poil de Carotte,*
> *Juste comme ta dent poussait, une des miennes s'est décidée à tomber hier matin. De telle sorte que, si tu possèdes une dent de plus, ton père*

clous furoncles, boutons

en possède une de moins. C'est pourquoi il n'y a rien de changé et le nombre des dents de la famille reste le même.

Ton père qui t'aime.

Monsieur Lepic fait parfois des cadeaux aux professeurs. Un jour, Poil de Carotte apporte un lièvre⋆ à un professeur et écrit à son père :

Cher papa,

Je viens de remettre ton lièvre au professeur d'histoire et de géographie. Il te remercie, mais je suis resté debout pendant tout notre entretien⋆. Est-ce oubli ou impolitesse ?

Cher Poil de Carotte,

Tu es encore trop jeune pour exiger des égards⋆. Si monsieur Legris ne t'a pas offert une chaise, excuse-le : peut-être que, trompé par ta petite taille, il te croyait assis.

lièvre *lapin sauvage*
entretien *conversation*
égards *attentions*

Voilà la réponse de monsieur Lepic à la lettre écrite en vers par son fils :

Cher Poil de Carotte,
Tu écris des choses bizarres. D'habitude, tu
nous parles de tes professeurs, de tes camarades,
si tu dors et si tu manges bien. Voilà ce qui m'in-
téresse. Aujourd'hui, je ne comprends plus. La
forme de ton écriture, la disposition des lignes,
la quantité de majuscules me déconcertent*.

Les Poux

▶ 19 Quand Félix et Poil de Carotte rentrent chez eux, madame Lepic leur fait prendre un bain. En se promenant d'une fenêtre à l'autre, monsieur Lepic lit leur bulletin trimestriel★. Ensuite, il passe ses doigts dans les cheveux de Poil de Carotte et il tue un pou★ du premier coup. Madame Lepic lève les bras au ciel :

– Ernestine, cours chercher une cuvette★ !

Ernestine apporte une cuvette, un peigne fin, du vinaigre et la chasse commence. Elle commence par Félix, en écartant ses cheveux d'une main et en attrapant sept ou huit poux de l'autre. Puis c'est le tour de Poil de Carotte :

– Il faudrait une pelle et un râteau★, dit sa sœur.

– À ton âge tu devrais rougir, ajoute sa mère.

Pour le punir, elle oblige son fils à exposer la cuvette sur le mur du jardin. Tout le village doit voir ça ! Quelle honte !   ▪

---

bulletin trimestriel compte-rendu de leurs notes dans les trois derniers mois
pou parasite qui se cache dans les cheveux

cuvette petit récipient
pelle et râteau outils de paysan

Parrain

▶ 20 Quelquefois madame Lepic permet à Poil de Carotte d'aller voir son parrain★. C'est un vieil homme qui passe sa vie à la pêche ou dans la vigne et qui n'aime personne, sauf★ Poil de Carotte.

Quand Poil de Carotte lui rend visite, il fait cuire des haricots blancs avec un morceau de lard et le force à boire un verre de vin pur★. Puis ils vont pêcher ensemble. Assis au bord de l'eau, l'homme lui donne des conseils :

– Lève ta canne à pêche quand le bouchon aura enfoncé trois fois.

– Pourquoi ?

– La première fois, le poisson mordille★. La deuxième, il avale. La troisième, il ne s'échappera plus.

Vers midi, ils déjeunent. Parrain le regarde manger avec plaisir ; il sait que Poil de Carotte ne mange que si sa mère a faim et qu'il ne peut jamais en redemander. ▪

parrain celui qui l'a tenu au baptème
sauf à part
vin pur vin qui n'est pas mélangé avec de l'eau
mordille mord légèrement

46

Activités de post-lecture

Compréhension

1 **Associe correctement.**

$\boxed{b}$ Quand Poil de Carotte essaie d'embrasser son père...

1 ☐ Quand Félix et Poil de Carotte rentrent chez eux...

2 ☐ Ernestine dit que son frère a tellement de poux...

3 ☐ Poil de Carotte écrit à son père qu'il vient de lui pousser une dent...

4 ☐ Son parrain est un vieil homme qui passe sa vie à la pêche...

5 ☐ Parrain regarde Poil de Carotte manger avec plaisir...

a ... et celui-ci lui répond qu'il vient d'en perdre une.

b̶ ... ce dernier se dérobe pour éviter son porte-plume.

c ... et qui n'aime personne, sauf Poil de Carotte.

d ... qu'il faudrait une pelle et un râteau pour les attraper.

e ... car il sait que chez lui il ne mange que si sa mère a faim.

f ... madame Lepic leur fait prendre un bain.

2 **Complète les phrases avec le lieu qui convient.**

village   infirmerie   ~~lycée~~   ciel   maison   jardin

M. Lepic rend parfois visite à ses fils qui étudient au ....*lycée*.......... .

1 Tous les trois mois, Félix et poil de Carotte ramènent leur bulletin de notes à la ....

2 Quand Mme Lepic est contrariée, elle lève les bras au ....

3 Mme Lepic veut que les gens du .... voient la cuvette dans le ....

4 Poil de Carotte s'est fait soigner ses clous à l'........................... de l'école.

48

Grammaire

3 **Mets les verbes entre parenthèses au passé composé.**

Honorine ......*a oublié*...... de fermer le poulailler. *(oublier)*

1 Les Lepic .... une gifle à leur fils. *(promettre)*

2 Poil de Carotte .... semblant d'ouvrir la porte. *(faire)*

3 Tu .... avec ta mère. *(dormir)*

4 Vous .... du jus de melon. *(boire)*

5 Il .... un coup de pioche sur le front. *(recevoir)*

6 Nous .... des cadeaux à nos enfants. *(offrir)*

DELF – Production écrite

4 **Dans sa dernière lettre, M. Lepic écrit que Poil de Carotte leur parle d'habitude de ses professeurs, de ses camarades, s'il dort et s'il mange bien. Écris une lettre qui contienne tous ces éléments.**

Activité de pré-lecture

Vocabulaire

5 **Cherche 13 adjectifs dans la grille et lis ce qui va arriver dans l'un des prochains épisodes.**

D	S	O	U	R	D	L	E	S	O	S
H	I	M	P	A	T	I	E	N	T	E
E	C	A	L	M	E	B	B	E	I	N
U	R	U	A	S	U	R	P	R	I	S
R	S	V	A	E	P	E	U	R	E	I
E	M	A	F	U	R	I	E	U	X	B
U	V	I	O	L	E	N	T	E	R	L
X	E	S	M	E	F	I	A	N	T	E

Poil de Carotte va _ _ _ _ _ _ _ _ _ _ _ _ _ _ _.

Les Têtards

▶ 21 Rémy vient un jour chercher son ami Poil de Carotte pour aller pêcher des têtards⋆ et demande à madame Lepic :

– Je peux emmener Poil de Carotte pêcher des têtards, s'il vous plaît ?

Celle-ci est furieuse, il n'en est pas question ! Mais Poil de Carotte invite son ami à patienter⋆ ; elle change parfois d'avis. En effet, la porte s'ouvre après un quart d'heure et sa mère sort, un panier à la main pour son fils.

– Tiens, te voilà encore, Rémy ! s'exclame madame Lepic méfiante⋆.

– C'est Poil de Carotte qui m'a dit d'attendre.

– Ah ! Vraiment ? Il me semble pourtant que je n'ai pas l'habitude de me rétracter⋆.

Et la voilà qui rentre avec le panier destiné aux têtards. Madame Lepic ne plaisante pas ; les enfants la redoutent⋆. Rémy, qui vient de tout gâter⋆, se sauve vers la rivière. Poil de Carotte reste seul et s'ennuie. ▪

têtards larves de grenouille
patienter attendre
méfiante qui n'a pas confiance

me rétracter changer d'avis
la redoutent ont peur d'elle
gâter gâcher

Le Mot de la fin

▸ 22 Après le dîner, monsieur Lepic et Poil de Carotte vont se promener. D'abord ils marchent silencieux. Son père se décide :

– Qu'est-ce que tu as fait pour chagriner* ta mère ?

Poil de Carotte confie alors à son père qu'il n'aime plus sa mère. Il ne la voit que pendant les grandes vacances, mais il préfèrerait rester en pension ou aller apprendre un métier plutôt que de rentrer chez lui. Il gagnerait sa vie et serait libre.

– Papa, mon frère et ma sœur sont heureux. Toi, tu domines et ma mère ne peut rien contre ton bonheur. Mais moi, je ne l'aime pas et elle ne m'aime pas.

– Et moi, crois-tu que je l'aime ? dit son père impatienté*.

Poil de Carotte lève les yeux vers lui. Un instant il s'empêche* de parler. Il a peur que sa joie secrète ne s'envole.

– Mauvaise femme. Je te déteste.

– Tais-toi ! dit monsieur Lepic. C'est ta mère après tout.

chagriner rendre triste, contrarier
impatienté irrité
il s'empêche il évite

La Révolte

▶ 23 Madame Lepic ordonne à Poil de Carotte d'aller chercher du beurre au moulin. Incroyable ! Il refuse d'y aller.

– Tu refuses d'obéir à ta mère ? Tais-toi et file !

Poil de Carotte ne bouge pas. C'est bien la première fois qu'il dit non à sa mère. Il la dévisage*, tête haute. Elle appelle du monde :

– Ernestine, Félix, il y a du neuf ! Venez voir avec votre père.

Poil de Carotte est au milieu de la cour, surpris de s'affermir* en face du danger, et plus étonné que sa mère oublie de le battre.

– Prends garde* ! lui dit Ernestine à l'oreille. Obéis, écoute ta sœur qui t'aime.

Félix se croit au spectacle. Si hier il méprisait son frère, aujourd'hui il l'observe en égal*.

Madame Lepic, atterrée*, se retire.

– Papa, dit Poil de Carotte, si tu veux j'irai pour toi.

Monsieur Lepic semble ennuyé de cette préférence. Mal à l'aise, il rentre à la maison. ■

il la dévisage il la regarde avec insistance   en égal au même niveau
s'affermir devenir plus sûr de lui   atterrée stupéfaite, consternée
prends garde fais attention

► 24 Dans l'album des Lepic, on ne trouve aucune photo de Poil de Carotte. On ne voit qu'Ernestine et Félix sous divers aspects : debout, assis, bien habillés ou de-mi-vêtus, au milieu de riches décors. Sa mère l'a sur-nommé Poil de Carotte à cause de ses cheveux roux. Ensuite, on a même oublié son nom de baptême !

La figure de Poil de Carotte ne prévient guère* en sa faveur. Il a le nez creusé en taupinière*, des croûtes de pain dans les oreilles, le cou couvert d'une crasse* bleue comme s'il portait un collier.

Quand on le présente à quelqu'un, il tourne la tête. Il ne peut s'empêcher de mettre ses mains dans ses poches et madame Lepic a fini par lui coudre* les poches avec ses mains dedans.

Un jour il s'écrie :

– Personne ne m'aimera jamais, moi !

Sa mère, qui n'est pas sourde, se dresse derrière le mur, un sourire aux lèvres. Poil de Carotte ajoute :

– Excepté* maman.

---

guère pas
en taupinière comme l'habitation d'une taupe
crasse saleté

coudre fermer avec du fil et une
aiguille
excepté sauf, à part

Compréhension

1 **Relis le texte et réponds aux questions.**

Pourquoi Rémy va-t-il chez les Lepic ?
Il va chez les Lepic pour inviter Poil de Carotte à la pêche.

1 Est-ce que Mme Lepic est aimée des enfants ?

....

2 Pourquoi l'épisode du moulin est-il incroyable ?

....

3 Qu'est-ce que Poil de Carotte confie un jour à son père ?

....

4 Pourquoi Poil de Carotte est-il étonné de la réponse de son père ?

....

5 Quelle est la particularité de l'album de famille des Lepic ?

....

Vocabulaire

2 **Réscris les anagrammes.**

Rémy va chercher Poil de Carotte pour aller pêcher des ASTDTÊR ....*têtards*........ .

1 Après un quart d'heure, sa mère sort, un NRPIEA
.... à la main pour son fils.

2 Mme Lepic ordonne à Poil de Carotte d'aller chercher du REEBUR .... au moulin.

3 M. Lepic domine et sa femme ne peut rien contre son RONBUEH ....

4 Les Lepic ont oublié le nom de ATBMPEÊ ....
de Poil de Carotte.

5 Poil de Carotte a des SÛTROEC .... de pain
dans les oreilles.

6 Mme Lepic finit par coudre les SOHPEC .... de
son fils avec les mains dedans.

Grammaire

3 **Écris le verbe à l'infinitif à partir du participe passé.**

eu : ....*avoir*............

1 venu : ....

2 obéi : ....

3 vu : ....

4 oublié : ....

5 perdu : ....

6 fini : ....

Conversation

4 **Termine les phrases librement.**

1 Je pense que Mme Lepic ....
....

2 Je pense que Poil de Carotte ....
....

3 Je pense que Félix et Ernestine ....
....

4 Je pense que M. Lepic ....
....

Production écrite

5 **Prends une photo dans ton album de famille et décris les membres de ta famille.**

....
....
....
....
....
....

Jules Renard

Sa vie

Jules Renard naît à Châlons-du-Maine, dans la Mayenne*, le 22 février 1864 et meurt à Paris le 22 mai 1910. Cet écrivain français est le cadet de la famille Renard. Dans ses œuvres, il écrit toutes les choses qu'il vit. On le retrouve, par exemple, dans le personnage de Poil de Carotte, car ses parents ne l'ont pas aimé. C'est grâce à l'écriture qu'il réussit à avoir confiance en lui-même. Jusqu'en 1910, Jules Renard vit à Chitry, en Bourgogne*, dans la maison de ses parents. Cette simple habitation de campagne est assez confortable. Jules s'installe ensuite à Paris, mais le succès n'arrive pas immédiatement et il a des problèmes d'argent. Sa situation financière s'améliore après son mariage.

Ses œuvres

Les années 1890 sont pour lui très fertiles. Il écrit d'abord l'*Ecornifleur*, l'histoire d'Henri, un parasite, qui réussit à se rendre indispensable à une famille de bourgeois. En 1894, il écrit *Poil de Carotte* dont il fait en 1900 une pièce de théâtre. Ses portraits sont ironiques et parfois cruels. Dans *Histoires Naturelles* (1896), il humanise les animaux et il animalise les hommes.

Activité

Voilà quelques extraits *d'Histoires Naturelles*. De quels animaux y parle-t-on ? Lis et associe.

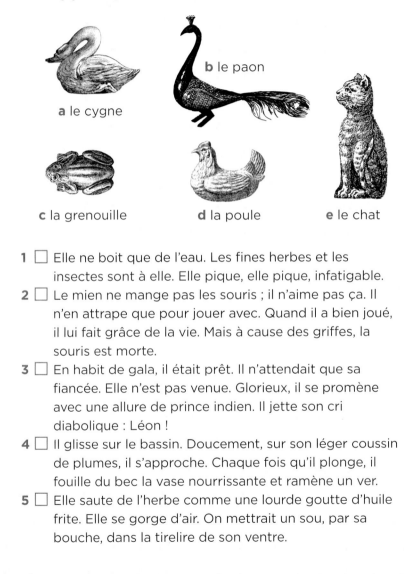

a le cygne

b le paon

c la grenouille   **d** la poule   **e** le chat

1 ☐ Elle ne boit que de l'eau. Les fines herbes et les insectes sont à elle. Elle pique, elle pique, infatigable.

2 ☐ Le mien ne mange pas les souris ; il n'aime pas ça. Il n'en attrape que pour jouer avec. Quand il a bien joué, il lui fait grâce de la vie. Mais à cause des griffes, la souris est morte.

3 ☐ En habit de gala, il était prêt. Il n'attendait que sa fiancée. Elle n'est pas venue. Glorieux, il se promène avec une allure de prince indien. Il jette son cri diabolique : Léon !

4 ☐ Il glisse sur le bassin. Doucement, sur son léger coussin de plumes, il s'approche. Chaque fois qu'il plonge, il fouille du bec la vase nourrissante et ramène un ver.

5 ☐ Elle saute de l'herbe comme une lourde goutte d'huile frite. Elle se gorge d'air. On mettrait un sou, par sa bouche, dans la tirelire de son ventre.

Mayenne région du nord-ouest de la France   Bourgogne région du nord-est de la France

Les maisons de campagne françaises

En France il existe différents types de maisons de campagne. L'habitation rurale la plus commune est la **chaumière**, que l'on trouve aussi dans d'autres pays européens. On l'appelle ainsi parce que son toit est en chaume, c'est-à-dire en paille. Ces maisons de campagne sont souvent composées de pièces communicantes qui ont chacune une fenêtre. Mais il existe aussi d'autres types de maisons de campagne en France. Voyons lesquels.

Le mas

Le mas est une habitation rurale typique de la Provence. Cette maison en pierre est entourée d'un jardin, d'une cour et d'un verger*. Orienté au sud pour être à l'abri du mistral*, le mas a peu de fenêtres pour se protéger du froid ou de la chaleur.

La maison à colombage

Ce type d'habitation est très présent en Alsace, en Normandie et en Bretagne. Ce qui caractérise la maison à colombage, ce sont les poutres en bois qui recouvrent sa façade. Cette technique existait déjà dans l'Antiquité romaine.

La malouinière

Les malouinières sont des maisons de plaisance*. Ce sont les armateurs de Saint-Malo, les personnes qui possédaient un navire, qui les ont fait construire. Ce sont des maisons en pierre avec des toits très hauts et de pittoresques cheminées.

Activité

Dans l'ouest de la France on peut voir cette maison à la forme allongée et basse qui était l'habitat habituel des fermiers. Pour connaître son nom, lis les définitions, complète la grille et lis les cases colorées.

1 L'autre mot pour dire « chaume ».
2 Elles sont en bois sur les maisons en colombage.
3 Dans les chaumières chaque pièce en a une.
4 Le mas est entouré d'un jardin, d'une cour et d'un …
5 Elles sont pittoresques sur les toits des malouinières.
6 La région du mas.
7 Matériau utilisé dans la construction des mas et des malouinières.

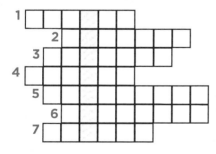

verger terrain planté d'arbres fruitiers
mistral vent froid du nord qui souffle vers le sud

de plaisance de vacances

Faisons le point !

1 Qui prononce ces phrases ?

> Félix   Parrain   M. Lepic   Rémy   Ernestine
> Poil de Carotte   Mme Lepic   Honorine

Personne ne m'aimera jamais, moi ! ...... *Poil de Carotte* ....

1 Qu'est-ce que j'ai fait donc pour avoir un enfant pareil !

....

2 Ne vous inquiétez pas, madame. J'y vois clair comme à mon mariage. ....

3 Ah ! Tu aimes mieux un pistolet ! Tu as bien changé !

....

4 Lève ta canne à pêche quand le bouchon aura enfoncé trois fois. ....

5 Oh ! Il faudrait une pelle et un râteau ! ....

6 Je ne les attendrai pas, je ne veux pas mourir de faim.

....

7 Je peux emmener Poil de Carotte chercher des têtards, s'il vous plaît ?

....

2 Vrai ou faux ?

	V	F
Félix et Ernestine flattent Poil de Carotte pour le convaincre à fermer le poulailler.	☑	☐
1 Mme Lepic pince Poil de Carotte et fait croire qu'il a eu un cauchemar.	☐	☐
2 Poil de Carotte doit toujours avoir les mêmes goûts que sa mère.	☐	☐
3 Félix et Poil de Carotte s'amusent à se rouler dans la vigne.	☐	☐
4 Félix a un plus beau caleçon de bain que Poil de Carotte.	☐	☐
5 Mme Lepic est très satisfaite du service d'Honorine et augmente son salaire.	☐	☐

3 **Lis le résumé de « Poil de Carotte ». Souligne les 13 phrases inexactes et corrige-les ci-dessous.**

D'après madame Lepic, Poil de Carotte a beaucoup de qualités et elle ne l'aime pas du tout. Elle sait qu'il a très peur des paysans et elle l'oblige à fermer le poulailler tous les soirs. Quand la famille Lepic reçoit des invités, elle l'oblige à dormir avec elle et elle lui donne des caresses ! La nuit, Poil de Carotte fait parfois des cauchemars, parce que sa mère l'enferme dans sa chambre. Le pauvre enfant ne mange que ce que son père mange et celle-ci a décidé qu'il n'aime ni la viande ni le melon. Alors le voilà qui doit partager les restes de melon avec les poules ! Quand il se fait mal, sa mère le console tendrement. Par contre, quand son père lui fait cadeau d'un pistolet, sa mère trouve une excuse pour le lui séquestrer. Seul son parrain a un peu de considération pour lui et l'invite parfois pour une partie de chasse. Le vieil homme sait que Poil de Carotte ne mange que si sa mère a faim et il le regarde toujours manger avec surprise. Dans l'album de famille des Lepic, il n'y a qu'une photo de Poil de Carotte et personne ne se souvient de son nom. Un jour, il exprime le désir d'aller travailler dans la vigne plutôt que de vivre avec sa mère, qui ne l'aime pas.

....

....

....

....

....

....

....

....

....

....

....

Contenus

///

Vocabulaire
La famille
Les parties du corps
Les animaux de la campagne
La cuisine

Grammaire
Le présent de l'indicatif
Le passé composé
La phrase négative
Les adjectifs possessifs